Winter Sudoku Puzzle Book

50 Full-Color Illustrated Classic Sudoku Puzzles

by Lauren McDonagh-Pereira

laurenmcdonaghpereira.com

@LAMPphotography

@LAMPphotography.tez

@LaurenMcDonaghPereiraPhoto

Collect Some Art

	1		7					
	7		9	2	5			
	5	2		4	6	7		8
		7			4	1		
8					1			6
		5					9	
					7		4	5
	8							2
		3						7

8			5				6	9
				1			8	
				8	2	1	3	4
4	9			6		8		
5								
					7			1
	4	3			5	9	1	
1	7							3
		8		3	1			

				1	6		7	2
4	1				3			
	3	7	5					4
8				6				
	9						2	
	7	6						5
		3			9	5	1	
1			2	7				
	6	9						

5	4	3			1			9
		9				4	2	
	7			4				
		4	3				8	
	2	5				7	3	
3		1		7				
9	5	7		8				1
1				9			7	3
			7					

			7	9	6	4		8
9	6	8	1	5	4	3	7	2
	4		3	8	2	9	6	1
3	9	4	5	6				
	5		2	1	8			
8	2					6	4	5
6				9			1	4
2	1							9
	8							

	3		1					2
			4	6	5			
6			9			4	7	
2	7						1	
	9		7					6
		4		9				
	5			2			6	
		1		5		3		
	6	2	3			9		1

	2		4			1		5
4	5			1	9	7		
				5		6	8	
6	9						5	
5								7
	8				5		1	
	7							
	6	3	1	4	8		7	
2		5	9	6	7			1

8				4			3	6
	4		9		7		8	
9	5					1	4	
3		4		5	2			
5	9					6		4
		6	8	9		7		
	8		5			3	7	
7			1	8	9	4	6	
			4	7				

	6		8	9		3		
	9	4		7				6
	8				1.	4		
			7					
	1		9	3	6			5
3	4			5				8
							1	
6			2	8	7			
	5		4	1			2	

		2						
	1		4	2	6	7	8	
8						5	1	
	6	8					3	4
2						8	5	7
4						6		
	8	4					7	3
				8				
7		1	3		2	4		8

					7	1		9
1				5				3
	7	6			1			4
5			7	2	9	4		
	2		8					
		7		1		3		
			5	9		8	1	
	5							
9				4	8			5

	5	1		3	2			7
						5	4	9
			5	7	9			
3	1			9				2
						9		
4	8							
		8	2					3
		7	6			2	5	
	3	4			5	6	7	

4				5	2	8	3	
				3			4	
	9	8					2	
		3	6		1			
			8			5		
2			9	5		7	8	
	2	1	5					
	8	3		9				
6		7						

	9	6						4
		8		2		9	1	
2	4			1				5
			5				3	
					1	5	6	
			2					9
5	6	1		9				3
	2			5	8			
			4			1	5	2

			3		2			7
		6			7	8	3	
	3			4	8	9		2
5	7	3			4			9
					3			6
	8							
8	6		7			4	2	
			1					
2					9		7	

	4						1	
		9			6			5
				3				
6			3		7		9	4
		2			8			6
	7		1		2	5		
				2			6	
2	9	6	7	8		4	5	
	8	1		9				2

	1				6			9
3			1		8		4	5
		8			7			
			5	3				8
			6					
8		9			1	3		4
9	7							2
2						4		1
		5		4	2			

	2	5		8		9		
8				6				
	9			5	4	3	6	
	3	7	1			5	8	
	8							9
			7			6		
1		2				7		4
	7				5		2	

	6			3		1		
						9		5
7					6		4	3
9				2		5	3	
4						7		9
2	7				5	6		
			5		8		9	
6		1	4		3	2		
8			6					

		7	3			1	6	
3	5			9		2	8	
6	9	4			2	3		
			5		3			
2		3		6	8			
5	1				4	8	3	7
1	6		2	3	7	4	9	8
		9		1	5		2	3
7	3			8				6

8						9		
1				2	4			
				3			8	6
			2			8		1
	3			6			7	
			1		7		3	
5			9			3		
7			3	1				8
		9		7	6			

			7	3			1	
		7			5			
8							3	4
		3	5					7
6	7	5	1		2	3		
		9		7	3	4		1
	4		2				6	
						1	7	2
7	6							

					9		3	6
	1			8		4		
	4	3				9		7
				8			6	9
5	8			4			2	
2	9	1	7					
4		5						
			2					8
9	3			1				

					1		8	
					7	5	6	3
	2	7						9
2	4		5					
	9		6			4		
	8	1			4			
				3			7	8
5								
8		9				3	5	4

	2		3				8	
8			6	9		4		2
7	4		1			3		
				6	2	1		
					5		4	
			8		3	2		6
1							8	4
	3		4	8	9	6		
	8							

4	9			5	2	1	7	
5	3	7	4					2
8				6			9	5
		1			4	2		
7	6				8			4
2				1				
1		4			6		5	8
6					5	3	2	

				6	8		3	
3	7							2
	6			2	7	1		
	5			8			4	6
		1		7			9	
6						7		
2	1	7				9		3
5					9			8
			7		2			

5		4	9			2		1
			6	3			4	5
	3		5					7
3	4							
9		5		7				6
6					9	8		4
8								
	7	6	2			4		
	5	3					6	

			4		3	8		
7		4	2				3	
1						5		
2			5			4	8	6
	5			4				
			9				1	
	6				2			3
9	1	2	3		6	7	4	
	4			7				

							3	
3							9	1
1	5				9			
						5	3	
	6		9		8			2
		2		3	7			4
					5		8	9
2		6				4		
	9		4	8		2		

9	2		5				1	
					8		3	6
		6		3				
3	6		9	5			4	8
5		2		8			6	
			4	7	6			
2	9	4				6		5
1			6	2			9	
	3	5		9				

7		1	8			5		
		6		9			3	
		9					8	
8					4		5	
				3			7	
	6		9	5			1	2
	2						6	8
		8				1		
			6		1	4		5

6		1	5			3		
	7	5	2					
	3					2	5	6
5	1					7		
7			6	9			8	
				1			2	
							1	
							4	
		3	4		1	8		2

8			3	2		9		6
9					8			7
					7	4	1	
6	8					3	4	
2				6				
1	7						2	9
		2			1		6	
	6		7	5		8	9	
3			9					

		3		2			4	
	9			4				5
								1
		1	8		2			
5		9	6			7		
								2
	5		4			1		
		7			1	5	8	3
8	1	2	5				6	4

			6			1		7
7			8	2				
		4				5	2	
			2		9			3
	3	8		4				2
				8	6		1	5
3		1	5					
						3	9	
	4	6			3			8

9			5					
	2					3		
	1		2	7			8	
	7				6	9		
	9			1	8	5		3
	5		4					
			9					
5	3	9	1	8	7		2	4
				2		7		5

			6		9			
	8	6	1			5		
				4				3
3			9				2	
6								
9	2	4	8	5				
7			2			3		
	4	9		1	3		6	
2	1					7		

		2		8			3	6
5	7			3			1	
1					2	4		9
2						6	9	
	6	4						
				6		8		3
	3	5				1	6	
6			8	2	1			5
		1			6			

			8			2	4	
7	1		9					
		6			3	9	7	8
8	3		6		1		9	
							8	
9			3	8		1	6	7
5		9	2					4
			1	3	5	7		
							5	

	9	7	1			8	5	3
		5				1	9	
		8			5			
5	7							4
9			7	2			6	
						7	3	
	8	1	5	4				6
				3	8	9		1
	6				7			5

				9	2			
7				5		4		8
	4		8					
			5					
	2				1	6		9
6	3		9					7
2	8	7					6	5
		3			8	7	1	
1		4	6		7			

9	1	3	4		5		6	2
			3	9		8		1
8				6	2			4
3		5					8	
	8	6		7	3		4	
			8				1	
5	9	8			4	1	2	
7	2	4		1		5	9	3
						4		

9			1		3	2		
7	1	5		9	4		6	
3				8			5	
	9	7				3		
1			6		7	4	8	
2	8							
			3					
						6		
	2	1	8	6		5		

9		6			8	3		
4	1		2				6	9
3			6				2	
		1			7			
	9							8
6			5					
			8	3	2	7	4	
								1
		5		7		6	8	

								9
			4	1				3
			3	8			7	6
9				3	4			
5	6						2	
			9		6			1
8	5		6			3		
	3	1		4				
		4	2	5	3			8

6	2	8						
		7	4					9
					6	2	5	
				8		3		
						5	2	
4	8						9	
2						7		
	5	1	6		7			
7		4	1		9		3	

		5	1		8		6	3
						7	9	
			3					
3			5					6
		4	6	9				
1		6		3		9	4	7
		9						
5	7			8	6			
	8						7	4

4	1	6	7	3	8	5	2	9
3	7	8	9	2	5	4	6	1
9	5	2	1	4	6	7	3	8
2	6	7	8	9	4	1	5	3
8	4	9	3	5	1	2	7	6
1	3	5	6	7	2	8	9	4
6	9	1	2	8	7	3	4	5
7	8	4	5	6	3	9	1	2
5	2	3	4	1	9	6	8	7

8	3	1	5	7	4	2	6	9
2	6	4	3	1	9	7	8	5
7	5	9	6	8	2	1	3	4
4	9	7	1	6	3	8	5	2
5	1	6	2	4	8	3	9	7
3	8	2	9	5	7	6	4	1
6	4	3	7	2	5	9	1	8
1	7	5	8	9	6	4	2	3
9	2	8	4	3	1	5	7	6

9	5	8	4	1	6	3	7	2
4	1	2	7	8	3	6	5	9
6	3	7	5	9	2	1	8	4
8	2	4	9	6	5	7	3	1
5	9	1	8	3	7	4	2	6
3	7	6	1	2	4	8	9	5
2	8	3	6	4	9	5	1	7
1	4	5	2	7	8	9	6	3
7	6	9	3	5	1	2	4	8

5	4	3	7	2	1	8	6	9
6	1	9	5	8	3	4	2	7
2	7	8	6	9	4	3	1	5
7	9	4	3	5	2	1	8	6
8	2	5	9	1	6	7	3	4
3	6	1	8	4	7	9	5	2
9	5	7	2	3	8	6	4	1
1	8	2	4	6	9	5	7	3
4	3	6	1	7	5	2	9	8

1	3	2	7	9	6	4	5	8
9	6	8	1	5	4	3	7	2
5	4	7	3	8	2	9	6	1
3	9	4	5	6	8	1	2	7
7	5	6	4	2	1	8	9	3
8	2	1	9	7	3	6	4	5
6	7	5	8	3	9	2	1	4
2	1	3	6	4	5	7	8	9
4	8	9	2	1	7	5	3	6

4	3	5	1	8	7	6	9	2
9	2	7	4	6	5	1	8	3
6	1	8	9	3	2	4	7	5
2	7	6	5	4	3	8	1	9
5	9	3	7	1	8	2	4	6
1	8	4	2	9	6	5	3	7
3	5	9	8	2	1	7	6	4
7	4	1	6	5	9	3	2	8
8	6	2	3	7	4	9	5	1

8	2	7	4	3	6	1	9	5
4	5	6	8	1	9	7	2	3
3	1	9	7	5	2	6	8	4
6	9	1	2	7	4	3	5	8
5	3	2	6	8	1	9	4	7
7	8	4	3	9	5	2	1	6
1	7	8	5	2	3	4	6	9
9	6	3	1	4	8	5	7	2
2	4	5	9	6	7	8	3	1

8	1	7	2	4	5	9	3	6
6	4	3	9	1	7	2	8	5
9	5	2	3	6	8	1	4	7
3	7	4	6	5	2	8	1	9
5	9	8	7	3	1	6	2	4
1	2	6	8	9	4	7	5	3
4	8	9	5	2	6	3	7	1
7	3	5	1	8	9	4	6	2
2	6	1	4	7	3	5	9	8

1	6	5	8	9	4	3	7	2
2	9	4	3	7	5	1	8	6
7	8	3	6	2	1	4	5	9
5	2	6	7	4	8	9	3	1
8	1	7	9	3	6	2	4	5
3	4	9	1	5	2	7	6	8
4	7	2	5	6	9	8	1	3
6	3	1	2	8	7	5	9	4
9	5	8	4	1	3	6	2	7

9	7	2	5	1	8	3	4	6
3	1	5	4	2	6	7	8	9
8	4	6	9	3	7	5	1	2
1	6	8	2	7	5	9	3	4
2	3	9	6	4	1	8	5	7
4	5	7	8	9	3	6	2	1
5	8	4	1	6	9	2	7	3
6	2	3	7	8	4	1	9	5
7	9	1	3	5	2	4	6	8

2	4	5	3	6	7	1	8	9
1	8	9	2	5	4	6	7	3
3	7	6	9	8	1	2	5	4
5	3	8	7	2	9	4	6	1
4	2	1	8	3	6	5	9	7
6	9	7	4	1	5	3	2	8
7	6	4	5	9	3	8	1	2
8	5	3	1	7	2	9	4	6
9	1	2	6	4	8	7	3	5

9	5	1	4	3	2	8	6	7
7	2	3	1	8	6	5	4	9
8	4	6	5	7	9	3	2	1
3	1	5	6	9	7	4	8	2
6	7	2	3	4	8	9	1	5
4	8	9	2	5	1	7	3	6
5	6	7	8	2	4	1	9	3
1	9	8	7	6	3	2	5	4
2	3	4	9	1	5	6	7	8

4	1	6	9	5	2	8	3	7
7	5	2	6	3	8	9	4	1
3	9	8	4	7	1	6	2	5
8	7	5	3	6	4	1	9	2
1	3	9	2	8	7	4	5	6
2	6	4	1	9	5	3	7	8
9	2	1	5	4	6	7	8	3
5	8	3	7	1	9	2	6	4
6	4	7	8	2	3	5	1	9

1	9	6	8	7	5	3	2	4
3	5	8	6	2	4	9	1	7
2	4	7	3	1	9	6	8	5
9	8	4	5	6	7	2	3	1
7	3	2	9	4	1	5	6	8
6	1	5	2	8	3	4	7	9
5	6	1	7	9	2	8	4	3
4	2	3	1	5	8	7	9	6
8	7	9	4	3	6	1	5	2

4	5	8	3	9	2	1	6	7
9	2	6	5	1	7	8	3	4
7	3	1	6	4	8	9	5	2
5	7	3	8	6	4	2	1	9
1	9	4	2	5	3	7	8	6
6	8	2	9	7	1	3	4	5
8	6	9	7	3	5	4	2	1
3	4	7	1	2	6	5	9	8
2	1	5	4	8	9	6	7	3

8	4	3	2	7	5	6	1	9
7	2	9	8	1	6	3	4	5
1	6	5	4	3	9	8	2	7
6	1	8	3	5	7	2	9	4
3	5	2	9	4	8	1	7	6
9	7	4	1	6	2	5	8	3
4	3	7	5	2	1	9	6	8
2	9	6	7	8	3	4	5	1
5	8	1	6	9	4	7	3	2

7	1	2	4	5	6	8	3	9
3	9	6	1	2	8	7	4	5
5	4	8	3	9	7	2	1	6
6	2	7	5	3	4	1	9	8
4	3	1	6	8	9	5	2	7
8	5	9	2	7	1	3	6	4
9	7	4	8	1	3	6	5	2
2	8	3	9	6	5	4	7	1
1	6	5	7	4	2	9	8	3

8	9	2	3	5	4	1	7	6
4	7	6	8	2	1	3	5	9
3	5	1	6	7	9	4	8	2
7	8	3	1	4	2	9	6	5
9	2	5	7	3	6	8	4	1
1	6	4	5	9	8	2	3	7
5	3	9	2	8	7	6	1	4
6	4	7	9	1	3	5	2	8
2	1	8	4	6	5	7	9	3

6	2	5	3	8	1	9	4	7
8	4	3	9	6	7	2	1	5
7	9	1	2	5	4	3	6	8
2	1	9	5	7	8	4	3	6
4	3	7	1	9	6	5	8	2
5	8	6	4	2	3	1	7	9
3	5	8	7	4	2	6	9	1
1	6	2	8	3	9	7	5	4
9	7	4	6	1	5	8	2	3

5	6	4	8	3	9	1	7	2
1	3	8	2	4	7	9	6	5
7	9	2	1	5	6	8	4	3
9	1	6	7	2	4	5	3	8
4	8	5	3	6	1	7	2	9
2	7	3	9	8	5	6	1	4
3	2	7	5	1	8	4	9	6
6	5	1	4	9	3	2	8	7
8	4	9	6	7	2	3	5	1

8	2	7	3	4	1	9	6	5
3	5	1	7	9	6	2	8	4
6	9	4	8	5	2	3	7	1
9	4	8	5	7	3	6	1	2
2	7	3	1	6	8	5	4	9
5	1	6	9	2	4	8	3	7
1	6	5	2	3	7	4	9	8
4	8	9	6	1	5	7	2	3
7	3	2	4	8	9	1	5	6

8	7	3	6	5	1	9	2	4
1	9	6	8	2	4	7	5	3
2	4	5	7	3	9	1	8	6
6	5	7	2	9	3	8	4	1
4	3	1	5	6	8	2	7	9
9	2	8	1	4	7	6	3	5
5	1	4	9	8	2	3	6	7
7	6	2	3	1	5	4	9	8
3	8	9	4	7	6	5	1	2

9	2	4	7	3	6	8	1	5
1	3	7	4	8	5	2	9	6
8	5	6	9	2	1	7	3	4
4	1	3	5	9	8	6	2	7
6	7	5	1	4	2	3	8	9
2	8	9	6	7	3	4	5	1
3	4	1	2	5	7	9	6	8
5	9	8	3	6	4	1	7	2
7	6	2	8	1	9	5	4	3

7	5	2	4	1	9	8	3	6
6	1	9	7	8	3	4	5	2
8	4	3	5	6	2	9	1	7
3	7	4	2	5	8	1	6	9
5	8	6	1	9	4	7	2	3
2	9	1	3	7	6	5	8	4
4	2	5	8	3	7	6	9	1
1	6	7	9	2	5	3	4	8
9	3	8	6	4	1	2	7	5

4	5	3	9	6	1	7	8	2
9	1	8	2	4	7	5	6	3
6	2	7	3	5	8	1	4	9
2	4	6	5	1	3	8	9	7
7	9	5	6	8	2	4	3	1
3	8	1	7	9	4	6	2	5
1	6	2	4	3	5	9	7	8
5	3	4	8	7	9	2	1	6
8	7	9	1	2	6	3	5	4

6	2	1	3	5	4	7	8	9
8	5	3	6	9	7	4	1	2
7	4	9	1	2	8	3	6	5
3	7	4	9	6	2	1	5	8
2	6	8	7	1	5	9	4	3
9	1	5	8	4	3	2	7	6
1	9	2	5	7	6	8	3	4
5	3	7	4	8	9	6	2	1
4	8	6	2	3	1	5	9	7

4	9	6	8	5	2	1	7	3
5	3	7	4	9	1	8	6	2
8	1	2	7	6	3	4	9	5
9	8	1	5	7	4	2	3	6
7	6	5	3	2	8	9	1	4
2	4	3	6	1	9	5	8	7
1	2	4	9	3	6	7	5	8
3	5	9	2	8	7	6	4	1
6	7	8	1	4	5	3	2	9

1	2	9	5	6	8	4	3	7
3	7	5	1	9	4	6	8	2
8	6	4	3	2	7	1	5	9
7	5	2	9	8	1	3	4	6
4	3	1	2	7	6	8	9	5
6	9	8	4	5	3	7	2	1
2	1	7	8	4	5	9	6	3
5	4	3	6	1	9	2	7	8
9	8	6	7	3	2	5	1	4

5	6	4	9	8	7	2	3	1
7	8	1	6	3	2	9	4	5
2	3	9	5	4	1	6	8	7
3	4	8	1	6	5	7	2	9
9	2	5	8	7	4	3	1	6
6	1	7	3	2	9	8	5	4
8	9	2	4	1	6	5	7	3
1	7	6	2	5	3	4	9	8
4	5	3	7	9	8	1	6	2

6	9	5	4	1	3	8	2	7
7	8	4	2	6	5	9	3	1
1	2	3	7	9	8	5	6	4
2	7	9	5	3	1	4	8	6
8	5	1	6	2	4	3	7	9
4	3	6	9	8	7	2	1	5
5	6	7	8	4	2	1	9	3
9	1	2	3	5	6	7	4	8
3	4	8	1	7	9	6	5	2

6	7	9	8	1	2	3	4	5
3	2	8	6	5	4	7	9	1
1	5	4	3	7	9	8	2	6
9	4	7	2	6	1	5	3	8
5	6	3	9	4	8	1	7	2
8	1	2	5	3	7	9	6	4
4	3	1	7	2	5	6	8	9
2	8	6	1	9	3	4	5	7
7	9	5	4	8	6	2	1	3

9	2	3	5	6	7	8	1	4
7	5	1	2	4	8	9	3	6
4	8	6	1	3	9	5	2	7
3	6	7	9	5	2	1	4	8
5	4	2	3	8	1	7	6	9
8	1	9	4	7	6	3	5	2
2	9	4	8	1	3	6	7	5
1	7	8	6	2	5	4	9	3
6	3	5	7	9	4	2	8	1

7	3	1	8	2	6	5	4	9
2	8	6	4	9	5	7	3	1
5	4	9	7	1	3	2	8	6
8	7	2	1	6	4	9	5	3
9	1	5	2	3	8	6	7	4
4	6	3	9	5	7	8	1	2
1	2	4	5	7	9	3	6	8
6	5	8	3	4	2	1	9	7
3	9	7	6	8	1	4	2	5

6	2	1	5	4	9	3	7	8
8	7	5	2	3	6	4	9	1
4	3	9	1	8	7	2	5	6
5	1	6	8	2	4	7	3	9
7	4	2	6	9	3	1	8	5
3	9	8	7	1	5	6	2	4
2	6	4	3	5	8	9	1	7
1	8	7	9	6	2	5	4	3
9	5	3	4	7	1	8	6	2

8	1	7	3	2	4	9	5	6
9	4	6	5	1	8	2	3	7
5	2	3	6	9	7	4	1	8
6	8	5	2	7	9	3	4	1
2	3	9	1	4	6	7	8	5
1	7	4	8	3	5	6	2	9
7	9	2	4	8	1	5	6	3
4	6	1	7	5	3	8	9	2
3	5	8	9	6	2	1	7	4

1	7	3	9	2	5	8	4	6
2	9	8	1	4	6	3	7	5
4	6	5	7	8	3	2	9	1
6	3	1	8	7	2	4	5	9
5	2	9	6	1	4	7	3	8
7	8	4	3	5	9	6	1	2
3	5	6	4	9	8	1	2	7
9	4	7	2	6	1	5	8	3
8	1	2	5	3	7	9	6	4

2	9	3	6	5	4	1	8	7
7	6	5	8	2	1	4	3	9
8	1	4	9	3	7	5	2	6
6	5	7	2	1	9	8	4	3
1	3	8	7	4	5	9	6	2
4	2	9	3	8	6	7	1	5
3	8	1	5	9	2	6	7	4
5	7	2	4	6	8	3	9	1
9	4	6	1	7	3	2	5	8

9	6	8	5	3	4	2	7	1
7	4	2	8	6	1	3	5	9
3	1	5	2	7	9	4	8	6
8	7	4	3	5	6	9	1	2
2	9	6	7	1	8	5	4	3
1	5	3	4	9	2	8	6	7
6	2	7	9	4	5	1	3	8
5	3	9	1	8	7	6	2	4
4	8	1	6	2	3	7	9	5

5	3	7	6	8	9	4	1	2
4	8	6	1	3	2	5	7	9
1	9	2	5	4	7	6	8	3
3	5	1	9	7	4	8	2	6
6	7	8	3	2	1	9	5	4
9	2	4	8	5	6	1	3	7
7	6	5	2	9	8	3	4	1
8	4	9	7	1	3	2	6	5
2	1	3	4	6	5	7	9	8

9	4	2	1	8	5	7	3	6
5	7	6	4	3	9	2	1	8
1	8	3	6	7	2	4	5	9
2	5	8	7	1	3	6	9	4
3	6	4	2	9	8	5	7	1
7	1	9	5	6	4	8	2	3
8	3	5	9	4	7	1	6	2
6	9	7	8	2	1	3	4	5
4	2	1	3	5	6	9	8	7

3	9	5	8	7	6	2	4	1
7	1	8	9	4	2	6	3	5
2	4	6	5	1	3	9	7	8
8	3	7	6	5	1	4	9	2
4	6	1	7	2	9	5	8	3
9	5	2	3	8	4	1	6	7
5	7	9	2	6	8	3	1	4
6	8	4	1	3	5	7	2	9
1	2	3	4	9	7	8	5	6

2	9	7	1	6	4	8	5	3
6	4	5	3	8	2	1	9	7
1	3	8	9	7	5	6	4	2
5	7	3	8	9	6	2	1	4
9	1	4	7	2	3	5	6	8
8	2	6	4	5	1	7	3	9
7	8	1	5	4	9	3	2	6
4	5	2	6	3	8	9	7	1
3	6	9	2	1	7	4	8	5

3	1	8	4	9	2	5	7	6
7	9	6	3	1	5	4	2	8
5	4	2	8	7	6	1	9	3
8	7	9	5	6	3	2	4	1
4	2	5	7	8	1	6	3	9
6	3	1	9	2	4	8	5	7
2	8	7	1	4	9	3	6	5
9	6	3	2	5	8	7	1	4
1	5	4	6	3	7	9	8	2

8	4	9	6	3	7	5	2	1
6	7	5	1	8	2	9	4	3
2	1	3	9	4	5	6	8	7
4	8	6	3	9	1	2	7	5
7	5	1	4	2	6	3	9	8
3	9	2	7	5	8	1	6	4
9	2	7	5	1	4	8	3	6
1	6	8	2	7	3	4	5	9
5	3	4	8	6	9	7	1	2

9	1	3	4	8	5	7	6	2
4	6	2	3	9	7	8	5	1
8	5	7	1	6	2	9	3	4
3	4	5	9	2	1	6	8	7
1	8	6	5	7	3	2	4	9
2	7	9	8	4	6	3	1	5
5	9	8	7	3	4	1	2	6
7	2	4	6	1	8	5	9	3
6	3	1	2	5	9	4	7	8

9	6	8	1	5	3	2	7	4
7	1	5	2	9	4	8	6	3
3	4	2	7	8	6	9	5	1
6	9	7	4	1	8	3	2	5
1	5	3	6	2	7	4	8	9
2	8	4	9	3	5	7	1	6
5	7	6	3	4	2	1	9	8
8	3	9	5	7	1	6	4	2
4	2	1	8	6	9	5	3	7

Bonus Difficult Puzzles

				2	4		3	
	9	5	8			7		
	3				7			9
2		4		1				
5				4	3		6	
1			5	9				
7							4	5
	4					6		
								8

	1		7		4			
4	2				5		9	
							2	1
3						5	6	9
8	4				7			3
					1			
	5		8	1		6	3	4
	8			5				
					3	1	8	

			6			8		
			7		9		6	5
	8	6		1	5			
			9				1	
4					3	9		
3		8		7				
	3						7	6
			4		6	1	2	
		5				4		

		8					2	
7		2		9		8		
	6	5				7		
2								
		7	5		4	2		
3			6	1				
				7		6	1	8
			8					
	4				6			3

8	1	7	9	2	4	5	3	6
4	9	5	8	3	6	7	1	2
6	3	2	1	5	7	4	8	9
2	7	4	6	1	8	9	5	3
5	8	9	7	4	3	2	6	1
1	6	3	5	9	2	8	7	4
7	2	8	3	6	9	1	4	5
3	4	1	2	8	5	6	9	7
9	5	6	4	7	1	3	2	8

6	1	9	7	2	4	3	5	8
4	2	8	1	3	5	7	9	6
7	3	5	6	8	9	4	2	1
3	7	1	2	4	8	5	6	9
8	4	6	5	9	7	2	1	3
5	9	2	3	6	1	8	4	7
9	5	7	8	1	2	6	3	4
1	8	3	4	5	6	9	7	2
2	6	4	9	7	3	1	8	5

7	5	2	6	3	4	8	9	1
1	4	3	7	8	9	2	6	5
9	8	6	2	1	5	7	3	4
5	6	7	9	4	2	3	1	8
4	2	1	8	6	3	9	5	7
3	9	8	5	7	1	6	4	2
2	3	4	1	9	8	5	7	6
8	7	9	4	5	6	1	2	3
6	1	5	3	2	7	4	8	9

4	9	8	3	6	7	1	2	5
7	3	2	1	9	5	8	6	4
1	6	5	2	4	8	7	3	9
2	5	6	7	8	9	3	4	1
9	1	7	5	3	4	2	8	6
3	8	4	6	1	2	9	5	7
5	2	9	4	7	3	6	1	8
6	7	3	8	5	1	4	9	2
8	4	1	9	2	6	5	7	3